LE
CAPITAINE ROLAND

OPÉRA-COMIQUE EN DEUX ACTES

DE

ARMAND LAFRIQUE

MUSIQUE DE LOUIS GREGH

Prix net : 1 Franc 50

PARIS
LOUIS GREGH, ÉDITEUR
40, BOULEVARD HAUSSMANN, 40
(Près l'Opéra)

RÉPERTOIRE THÉATRAL

LOUIS GREGH, ÉDITEUR
10, Boulevard Haussmann, PARIS
(SEUL ÉDITEUR-PROPRIÉTAIRE DES OUVRAGES SUIVANTS)

PARTITIONS, CHANT & PIANO

		HOMMES	FEMMES	
BERNICAT (F.).	On demande un Arlequin, opérette, 1 acte, avec une scène de pantomime ad libitum (Théâtre de l'Eldorado)	3	1	6 fr
BLIN (Adolphe).	Herminie, grande scène lyrique avec chœurs............	1	1	7
BONARDI (Louis).	Grande Vitesse, port dû, opérette, 1 acte (Théâtre de l'Eldorado)............	2	2	5
BOTTESINI.	Vinciguerra, opéra-bouffe, 1 acte (Palais-Royal)......	3	2	6
DUPRATO (J.).	M'sieu Landry, opérette, 1 acte (Bouffes-Parisiens)....	2	2	5
ERLANGER (J.).	L'Arbre de Robinson, opérette, 1 acte (Bouffes-Parisiens)............	2	2	5
GREGH (Louis).	Un lycée de Jeunes Filles, vaudeville-opérette, 3 actes et 4 tableaux (Théâtre Cluny et théâtre de la Renaissance)............	1	1	8
—	Le Présomptif, opéra-bouffe, 3 actes. (Galeries Saint-Hubert, Bruxelles / Théâtre de la Renaissance, Paris.)	5	3	12
—	Arlette, pantomime-ballet (Palais de la Jetée-Promenade)	2	2	8
—	Patart, Patart et Cie, vaudeville-opérette, 1 actes (Folies-Dramatiques)............	5	2	10
—	Instantanés, pantomime, 2 actes (Théâtre d'application / Olympia.)	1	3	12
—	Le Capitaine Roland, opéra-comique, 2 actes (Théâtre Mondain)............	3	3	12
GRISAR (Albert).	Bonsoir, Monsieur Pantalon, opéra-comique, 1 acte (Théâtre de l'Opéra-Comique)............	3	3	7
GUIRAUD (Ernest).	Madame Turlupin, opéra-comique, 1 acte (Théâtre de l'Opéra-Comique)............	5	3	10
—	Madame Turlupin, avec récitatifs, texte italien........	»	»	12
HERVÉ.	Chilpéric, opéra-bouffe, 3 actes (Folies-Dramatiques, Menus-Plaisirs et Variétés)............	7	6	12
LECOCQ (Ch.).	Le Beau Dunois, opéra-bouffe, 1 acte (Variétés)......	3	2	7
L'ÉVEILLÉ (Aug.).	Le Sire de Barbe-Bleue, folie musicale, 1 acte (Folies-Marigny)............	2	1	5
MANGEANT (S.).	La Vie de Château, opérette, 3 actes (Bouffes-Parisiens)	4	3	8
OFFENBACH (J.).	Les Bergers, opéra-comique, 3 actes (Bouffes-Parisiens).	6	6	12
—	La Vie parisienne, opéra-bouffe, 4 actes (Palais-Royal et Variétés)............	5	5	12
—	Vert-Vert, opéra-comique, 3 actes (Opéra-Comique)...	7	4	15
—	L'Ile de Tulipatan, opéra-bouffe, 1 acte (Bouffes-Parisiens)............	2	3	6
—	Boule de Neige, opéra-bouffe, 3 actes (Bouffes-Parisiens)	8	5	12
POUJADE.	La 1002e Nuit, opéra-comique, 3 actes (Théâtre du Château-d'Eau)............	4	3	15
SCHUBERT.	La Petite Souhise, opérette, 1 acte (Cercle de la Presse)	»	1	5
TOULMOUCHE (F.).	La Veillée des Noces, opéra-comique, 3 actes (Menus-Plaisirs)............	4	2	12
VASSEUR (Léon).	La Cruche Cassée, opéra-comique, 3 actes (Théâtre Taitbout)............	5	4	12

A forfait pour la location du Matériel d'Orchestration, etc., pour les Théâtres.

LE CAPITAINE ROLAND

OPÉRA-COMIQUE EN DEUX ACTES

Représenté pour la première fois, à Paris, sur la scène du THÉATRE MONDAIN (Nouveau lyrique), le 20 mars 1895, pour l'inauguration de ce théâtre.

DIRECTEUR-FONDATEUR: **M. Charles FRANCK-VALÉRY.**

LE
CAPITAINE ROLAND

OPÉRA-COMIQUE EN DEUX ACTES

PAR

ARMAND LAFRIQUE

MUSIQUE DE

LOUIS GREGH

Prix net : 1 franc 50

PARIS
LOUIS GREGH, Éditeur de Musique
40, BOULEVARD HAUSSMANN, 40
(Près l'Opéra)

Droits de reproduction et d'exécution publique réservés.
Copyright by Louis Gregh.

PERSONNAGES

ROLAND, capitaine, 25 ans . . . . MM. DERIAZ.
LÉONIDAS, vieux soldat, brosseur de
   Roland. . . . . A. BOURGEOIS.
VAN STRAET, bourgmestre, 60 ans. . . BARBARY.
UN SERGENT. . . . . ETERNOD.
LÉA, fille de Van Straët, 18 ans. . . . . M⁻⁻ Louise BRESSA.
M⁻⁻ VAN STRAET, femme de Van Straët,
   40 ans. . . . . Eva ROMAIN.
GRÉDEL, servante de Van Straët . . . . Gabrielle PRAT.
               SOLDATS.

L'action se passe aux environs de Fleurus, en juillet 1794,
chez Van Straët.

S'adresser, pour la location de cet ouvrage (matériel d'orchestration, partition, chant, piano, mise en scène, brochure, dessins de décors et costumes), à M. Louis GREGH, éditeur, 40, boulevard Haussmann, à Paris (près l'Opéra), seul propriétaire pour la France et l'Étranger.

LE CAPITAINE ROLAND

ACTE PREMIER

Le décor représente une grande salle au rez-de-chaussée, de la maison du bourgmestre. Au fond, large baie vitrée, ouvrant sur la place d'un village flamand. A droite, au fond, porte d'entrée. A gauche, au fond, porte donnant dans un jardin. A gauche, dressoir chargé de vaisselle et de pots d'étain ou de cuivre. — A droite, deuxième plan, la cheminée à haut manteau, avec des chenêts de cuivre poli. — Au premier plan, à droite et à gauche, se faisant face, deux petites portes. Un fauteuil à haut dossier près de la cheminée. — Meubles flamands. Table au fond, chaises. Près de la cheminée, une petite table à ouvrage, une autre près de la porte de gauche. — Au lever du rideau, le jour se lève.

SCÈNE PREMIÈRE

LÉONIDE, puis GRÉDEL.

LÉONIDAS, brossant l'uniforme de Roland.

Brosse ferme! brosse, mon vieux Léonidas! puisque tu n'as plus que ça à faire depuis Fleurus!... Voilà bientôt un mois de cela! Ah! la sacrée bataille!... comme ça ronflait! Trop! nom d'une carabine, car mon capitaine a failli y laisser sa peau! La mienne, ça aurait pu passer. Elle ne vaut pas cher et je ne la ménage pas, mais mon capitaine! le brave des braves, et bon, et pas fier. Ah! cré nom! Quand j'y pense... je brosse trop fort... j'arracherai les boutons!

GRÉDEL, entrant un plateau à la main, sur lequel est un pot au lait, une cafetière et une tasse.

Bonjour, monsieur Léonidas!

LÉONIDAS, se frottant les moustaches.

Ah! c'est vous, Grédel! adorable petite Grédel! Comment ça va?

GRÉDEL, riant.

Comme toujours, fort gaîment, noble guerrier. C'est même ce qui me distingue de vous qui maugréez sans cesse.

LÉONIDAS.

Je... Comment dites-vous ça?

GRÉDEL.

Vous maugréez! quoi, vous paraissez toujours de mauvaise humeur.

LÉONIDAS.

N'y a-t-il pas de quoi? Rester l'arme au pied quand les autres se battent. Depuis Fleurus, Aix-la-Chapelle et Aldenhoven, partout où paraît l'armée de Sambre-et-Meuse, l'ennemi est battu. Cologne, Worms et Coblentz sont en notre pouvoir, et bientôt nos drapeaux flotteront sur les murs de Maestricht. Moi, pendant ce temps, je fais un métier d'infirmier, et sans la plus petite compensation.

Duo-bouffe.

GRÉDEL, à Léonidas qui veut l'embrasser.

Halte-là! pas de bêtises!
Près de vous, je perds mon temps,
Et j'en rougis, car j'entends
De trop fortes gaillardises!

LÉONIDAS.

Ah! corbleu! traiter ainsi
Un amour brûlant et tendre!

GRÉDEL.

De ce beau feu, grand merci!
Car il couve sous la cendre.

LÉONIDAS.

Ça, quittez ce ton moqueur;
Selon vous je déraisonne,
Si ma moustache grisonne,
Jeune a su rester mon cœur.

GRÉDEL, riant.

Ah! ah! ah! laissez-moi rire.
Voyez-vous, le vieux coquet!

LÉONIDAS.

Vous aimeriez mieux, c'est pire,
Les fadeurs d'un freluquet!

GRÉDEL.

Un freluquet, c'est infâme!
Vous êtes un insolent!

LÉONIDAS.

Bon! la voilà qui s'enflamme,
A quoi sert d'être galant!

Ensemble.

GRÉDEL.

Ah! cessez ce bavardage,
Il commence à m'agacer;
Allez faire votre ouvrage
Et songez à me laisser.
De m'aimer, je le regrette,
A d'autres cédez le tour :
Au lieu de battre d'amour,
Votre cœur bat la retraite!

LÉONIDAS.

Ah! c'est à perdre courage,
Je ne sais plus que penser,
D'être rebuté j'enrage,
Et finis par me lasser.
La cruelle est toujours prête,
Lorsque je lui fais la cour,
A rire de mon amour
Et je dois battre en retraite.

GRÉDEL, s'éloignant.

Ah! cessez ce bavardage,

ACTE PREMIER

LÉONIDAS, la poursuivant.

Vrai, c'est à perdre courage!

GRÉDEL.

Allez faire votre ouvrage,

LÉONIDAS.

D'être rebuté j'enrage!
Etc., etc.

LÉONIDAS, avec passion.

Ah! Grédel, dire que je brûle pour vous d'un feu dévorant!

GRÉDEL.

C'est le contraire du déjeuner de votre capitaine, qui refroidit pendant que je vous écoute.

Elle veut reprendre son plateau sur la table.

LÉONIDAS, l'arrêtant.

Inutile! Il faut que je porte l'uniforme de mon capitaine, je lui porterai son déjeuner en même temps.

GRÉDEL.

Mais...

LÉONIDAS.

Ça vous chiffonne!... Pardienne, vous aimeriez mieux aller flâner chez mon supérieur... (A lui-même.) Satanées femmes! Mon capitaine leur a tourné la tête, depuis la maîtresse jusqu'à la servante, en passant par la demoiselle de la maison.

GRÉDEL.

Si l'on peut dire!

LÉONIDAS.

Oh! je vois clair, et si mon capitaine ne s'est aperçu

de rien, c'est qu'il est aveugle. Mademoiselle Léa en tient pour lui et je comprends ça !... c'est un si bel homme ! Ah ! les gentils amoureux que ça ferait !... Je l'aime, cette petite, elle a si bien soigné mon officier tant qu'il était en danger. Pour cette fillette-là, mille tonnerres ! je me ferais hacher en morceaux. (Il prend l'uniforme de Roland sur la chaise et se dirige à gauche.) Au revoir, Grédel ! Et sans rancune !

Il sort, premier plan à gauche.

GRÉDEL.

Sans rancune ! Mais n'y revenez pas !

SCÈNE II

GRÉDEL, puis MADAME VAN STRAET.

GRÉDEL.

Il a dit vrai, tout le monde raffole de M. Roland !... Allons, vite en ménage, j'ai perdu assez de temps comme cela.

Elle prend un plumeau et époussette les objets placés sur le dressoir.

Chanson et scène.

GRÉDEL.

> Dans le brave régiment,
> Du soldat au capitaine,
> Tous au pas marchent gaîment,
> Le dimanche et la semaine.
> Il ne faut pas de violon
> Pour accompagner la danse...

ACTE PREMIER

MADAME VAN STRAET, *entrant.*

Bon ! encore à chanter, ce refrain que sans cesse
Tu fredonnes, Grédel ! dis-moi qui te l'apprit ?

GRÉDEL, *avec malice.*

C'est un bel officier, jeune et rempli d'esprit,
Et vous le connaissez, ô ma chère maîtresse !

MADAME VAN STRAET, *vivement.*

Je devine ! C'est lui, notre hôte, c'est Roland !

GRÉDEL.

Vous l'avez dit, c'est lui, ce brave que naguère,
De Fleurus, des soldats transportèrent sanglant
Sous votre toit...

MADAME VAN STRAET.

C'est chose horrible que la guerre !

GRÉDEL.

Mais grâce à vos bons soins, le voilà rétabli,
Les mauvais jours passés, bien vite vient l'oubli,
Sa joyeuse chanson me revient en mémoire.

MADAME VAN STRAET.

Reprends-le donc pour moi ce beau chant de victoire.

Chanson.

GRÉDEL.

Dans le brave régiment,
Du soldat au capitaine,
Tous au pas marchent gaîment
Le dimanche et la semaine.
Il ne faut pas de violon
Pour accompagner la danse,

Les vaillants soldats de France } Bis.
Dansent au son du canon.

ENSEMBLE.

Les vaillants soldats de France } Bis.
Dansent au son du canon.

MADAME VAN STRAET.

Ce cher monsieur Roland. (Avec un soupir.) Ah !

GRÉDEL.

Notre gentil capitaine ! (Avec un soupir.) Ah !

MADAME VAN STRAET.

Dieu me pardonne, Grédel ! Tu as soupiré !

GRÉDEL.

Mais, vous aussi, madame.

MADAME VAN STRAET.

Comment, j'ai...?

GRÉDEL.

... Soupiré ! oui, madame. Et très fort même !

MADAME VAN STRAET, à part.

Contenons les battements de mon cœur ! (Haut.) Tu perds la tête, ma pauvre fille !

GRÉDEL.

Pourquoi vous en défendre ? Il est si séduisant, M. Roland ! Dame ! moi, je ne m'en cache pas, il m'a fait une impression !...

MADAME VAN STRAET.

Effrontée !

GRÉDEL.

Oh ! rassurez-vous. Je sais bien que je... soupire en pure perte. D'ailleurs, j'ai remis hier soir, au capitaine, un pli du quartier général. A coup sûr, on rappelle notre héros au régiment.

MADAME VAN STRAET.

Quoi ! Tu supposes qu'il va nous quitter ?

GRÉDEL.

Hélas ! la guerre n'est pas finie, et...

MADAME VAN STRAET, vivement.

Tais-toi ! Tais-toi... Partir !... déjà !... Ah ! Grédel, je ne peux me faire à cette idée-là. Nous nous étions si fort attachés à ce brave garçon, mon mari et moi...

GRÉDEL, à part.

Elle surtout ! (Haut.) Que voulez-vous, madame, il faudra bien se faire une raison. Et puis, rien dans l'attitude de M. Roland n'indique qu'il songe à prolonger son séjour parmi nous.

MADAME VAN STRAET.

Parce que c'est un jeune homme réservé, ce lion au combat est d'une timidité... désespérante.

GRÉDEL, avec regret.

Avec les femmes ! oh ! oui !

MADAME VAN STRAET, sévèrement.

Mademoiselle !...

GRÉDEL.

Ne vous fâchez pas, madame, vous en souffrez comme moi !

MADAME VAN STRAET.

Certes, j'ai pour Roland une tendresse... maternelle.

GRÉDEL, incrédule.

Oh ! oh ! madame n'est pas encore d'âge à rester insensible à un plus tendre sentiment. Bien que mademoiselle Léa soit déjà grande fille, madame est toujours charmante.

MADAME VAN STRAET, minaudant.

Flatteuse !... Je suis trop bonne de tolérer... Silence ! quelqu'un.

GRÉDEL, vivement.

Je vous laisse.

Elle sort à gauche, deuxième plan.

SCÈNE III

MADAME VAN STRAET, ROLAND.

ROLAND, entrant de gauche.

Ah ! pardon, madame, j'ignorais que vous fussiez là !

MADAME VAN STRAET.

Vous ne me dérangez pas, mon ami, restez, je vous en prie. Comment vous trouvez-vous ce matin ?

ROLAND.

Fort bien, en vérité, mes forces augmentent de jour en jour, et une fois de plus, madame van Straet, je dois vous en rendre grâce !

MADAME VAN STRAET.

Ce que j'ai fait, tout autre l'eût fait à ma place.

ROLAND.

Ne dites pas cela. Vous et votre charmante fille, m'avez soigné avec un dévouement dont je vous garderai une éternelle reconnaissance.

MADAME VAN STRAET.

Cher enfant! je reconnais là votre noble cœur! (voyant les lettres que Roland tient à la main.) Mais, je vois que vous avez déjà travaillé ce matin.

ROLAND.

Oh! j'ai écrit quelques lettres seulement. L'une d'elles est pour mon colonel, et je me disposais à la porter au courrier, afin qu'elle pût partir aujourd'hui même.

MADAME VAN STRAET.

Si vous le permettez, mon ami, je la remettrai moi-même en me rendant à l'office.

ROLAND.

Je ne voudrais pas vous donner cette peine.

MADAME VAN STRAET, affectueusement.

Est-ce donc une peine que de vous être agréable?

ROLAND, gêné.

Je n'insisterai pas!

Il lui remet une des lettres qu'il tient à la main et place les autres entre deux boutons de son gilet d'uniforme.

SCÈNE IV

Les Mêmes, LÉA.

LÉA, entrant de gauche, deuxième plan.

Bonjour, maman ! monsieur Roland ! Je vous prends à bavarder !

MADAME VAN STRAET, l'embrassant.

Bonjour, ma mignonne !

ROLAND, saluant.

Mademoiselle Léa !

LÉA, allant à lui et lui donnant la main.

Vous, capitaine, vous mériteriez les arrêts de rigueur. Comment, vous retenez maman à causer et l'empêchez de s'apprêter pour aller à l'Eglise. Vilain impie !

ROLAND.

Croyez que j'ignorais...

MADAME VAN STRAET.

Ne le gronde pas. C'est moi qui suis fautive. D'ailleurs, je suis prête.

LÉA, riant.

Tu l'excuses toujours, tu es trop bonne !

ROLAND, à Léa.

Et vous, trop sévère pour moi.

LÉA, avec un doux sourire.

Vous savez bien que je plaisante et vous traite en grand frère.

ROLAND, à part.

Un frère, hélas! (Haut.) Je ne vous en veux pas.
Tous ici, êtes si bons pour moi!

LÉA, baissant les yeux.

Nous vous aimons... un peu, voilà tout!

Terzetto (prière).

LÉA.

Ma mère, entends, la cloche sonne,
Vite à l'église rendons-nous.

MADAME VAN STRAET.

Je t'obéis, partons, mignonne,
Voyons, ne sois pas en courroux.

ROLAND.

Oui, je l'entends, la cloche sonne,
Vite à l'église, rendez-vous.

LÉA.

C'est jour de fête et Dieu l'ordonne,
A Roland.
Ami, je vais prier pour vous.

MADAME VAN STRAET.

Nous prierons pour les pauvres mères
Dont la guerre a pris les enfants,
Que Dieu soulage leurs misères
Et les ramène triomphants!

ROLAND.

Bien heureux qui croit et qui prie,
Ah! puisque vous avez la foi,
Priez aussi pour ma patrie,
Pour mes soldats, un peu pour moi.

Ensemble.

LÉA.

Allons, partons, la cloche sonne,
Vite à l'église, rendons-nous,
C'est jour de fête et Dieu l'ordonne,
Ami, je vais prier pour vous.

ROLAND.

Allons, partez, la cloche sonne,
Vite à l'église rendez-vous!
A part.
Quand je la vois, mon cœur frissonne,
Le son de sa voix est si doux!

MADAME VAN STRAET.

Allons, partons, partons, mignonne,
Vite à l'église, rendons-nous.
C'est jour de fête et Dieu l'ordonne,
Devant lui ployons les genoux.

Roland accompagne Léa et sa mère jusqu'à la porte du fond, à droite. Il les regarde s'éloigner, puis lorsqu'elles ont disparu il redescend.

SCÈNE V

ROLAND, seul.

Quelle situation ! Je suis, je crois, le premier officier qui ait à se plaindre du prestige de l'uniforme. Cette pauvre madame Van Straët m'aime trop ! A ses tendresses mal déguisées, viennent s'ajouter par surcroit, les œillades de sa cameriste. La rusée Grédel m'accable de ses prévenances. (se levant.) Partir, j'y ai bien songé, mais un lien secret m'attache ici malgré moi. Lorsque; blessé le soir de Fleurus, mes soldats me conduisirent dans cette hospitalière maison, j'étais évanoui. Je me souviens qu'en ouvrant les yeux, je vis devant moi, belle dans sa naïve pitié, pâle et douce comme les saintes des vieilles églises, une délicieuse jeune fille. Son regard avait pénétré en moi plus profondément que la balle de l'ennemi, car depuis lors, je me sens mourir d'amour !... (Pendant la ritournelle.) Léa, chère Léa !

Air.

O vision ! O mon doux rêve !
Regard troublant, toi, dont l'éclair vainqueur
  A chassé la paix de mon cœur,
  A mes yeux, tu brilles sans trêve !

  O Léa ! si bonne et si belle !
  Je devrais haïr tes bienfaits,
  Car, en ce moment, tu me fais
  Une blessure plus cruelle !

Tu n'as pas deviné l'amour
Dont l'ardeur consume ma vie,
Je serai perdu sans retour,
Si ta tendresse m'est ravie.
Je ne puis garder plus longtemps
Ce secret qui brûle mes lèvres
Et qui, durant mes nuits de fièvres,
S'exhalait à tous instants.
Chasse le doute qui me ronge,
Pardonne à ma témérité ;
Qu'un doux aveu change le songe
En divine réalité!

O vision! O mon doux rêve!
Regard troublant, toi dont l'éclair vainqueur
A chassé la paix de mon cœur,
A mes yeux tu brilles sans trêve.
O vision! O mon doux rêve!

Vingt fois, j'ai été sur le point de lui dire que je l'aime, sa grâce ingénue, sa candeur, arrêtaient l'aveu sur mes lèvres et je la quittais le cœur triste sans avoir parlé. Mais aujourd'hui, mon parti est bien pris. Il faut en finir, et puisque je n'ai pas le choix des moyens, ce que je n'ai osé lui dire, je l'ai écrit ; ces billets, dont l'un au moins ne peut manquer de lui parvenir, fixeront dès ce soir mon sort. (Appelant à la porte de gauche.) Léonidas!... Léonidas!

SCÈNE VI

ROLAND, LÉONIDAS.

LÉONIDAS, entrant de gauche.

Mon capitaine, vous m'avez appelé?

ROLAND.

Approche, mon brave, et écoute-moi.

LÉONIDAS.

Je suis aux ordres de mon capitaine.

ROLAND.

Léonidas, tu m'es dévoué et je puis compter sur toi?

LÉONIDAS.

Comme sur vous-même.

ROLAND.

C'est qu'il s'agit d'une mission de confiance!

LÉONIDAS.

Compris! De quoi retourne-t-il?

ROLAND.

Avant que mademoiselle Léa soit revenue de la messe, il faut que tu aies caché ce billet dans sa table à ouvrage et, dès qu'elle sera de retour, que tu t'arranges adroitement pour glisser cet autre dans son livre d'heures.

LÉONIDAS, souriant.

Je vois ce que c'est... un rendez-vous!

ROLAND, avec effroi.

Silence, malheureux !

LÉONIDAS.

Soyez tranquille, mon capitaine, la commission sera faite et bien faite. Le soldat français connaît sa théorie au feu comme en amour. La demoiselle recevra les poulets cuits à point et ce doit être un vrai régal ! car mon capitaine s'y entend à écrire, ayant fréquenté les écoles des ci-devant ! Ça n'est pas comme moi, dans mon temps, quand j'étais amoureux, ne sachant pas lire et n'ayant jamais tenu entre les doigts qu'une fourche ou un fusil, au lieu d'écrire à ma belle, je lui roucoulais ma déclaration.

ROLAND, riant.

Mon pauvre Léonidas ! peu importent les moyens quand on réussit ; je te laisse et vais inspecter les postes de mes hommes, pour la dernière fois, hélas ! car la compagnie quittera le bourg aujourd'hui et je ne dois la rejoindre que lorsque j'en aurai reçu l'ordre du général Jourdan.

LÉONIDAS, avec malice.

Je sais quelqu'un qui fera prendre patience à mon capitaine.

ROLAND, incrédule.

J'ai bien peur que tu ne te trompes.

LÉONIDAS.

Oh ! que nenni ! Tout bête que je suis, j'y vois clair, mon capitaine n'est pas indifférent à la petite, et s'il avait ouvert le feu plus tôt, m'est avis que la place se serait déjà rendue.

ROLAND.

Comme tu y vas ! Alors, c'est bien entendu ! je puis me fier à ton adresse ?

LÉONIDAS.

Ne craignez rien. Il sera fait selon votre désir.

ROLAND.

Au revoir !

LÉONIDAS.

Salut, mon capitaine.

Roland sort par le fond.

SCÈNE VII

LÉONIDAS, puis GRÉDEL.

LÉONIDAS, seul.

A la bonne heure, mille cartouches, le capitaine se réveille ! Ça faisait pitié de le voir rester insensible aux charmes de cette jeune fille. C'est qu'il ne s'apercevait pas que la demoiselle n'a d'yeux que pour lui. (Il prend sa pipe et la bourre, puis va l'allumer aux braises de la cheminée.) C'est égal, si madame Van Straët et Grédel se doutaient de la chose, elles en feraient une maladie !

Il s'asseoit à califourchon sur une chaise, face à la cheminée.

GRÉDEL, entrant de droite, à part.

J'ai quitté l'office avant la fin ! Je n'aurais jamais eu le temps de préparer le déjeuner ! (Elle pose sur la table à ouvrage de madame Van Straët le livre de messe qu'elle tient à la main. — Haut, voyant Léonidas.) Tiens, vous êtes là, monsieur Léonidas!

LÉONIDAS, sans se retourner.

Comme vous voyez!

GRÈDEL.

Oh! oh! quelle humeur!

LÉONIDAS.

Quand je suis en conversation avec Rodogune, je n'aime pas qu'on me dérange!

GRÈDEL, ne comprenant pas.

Rodogune?

LÉONIDAS, avec intention.

Oui, une amie fidèle, et pas bégueule, celle-là!

GRÈDEL, intriguée.

Mais vous êtes tout seul!

LÉONIDAS, montrant sa pipe.

Et ma pipe, pour qui la comptez vous?

Couplets de la pipe.

I

Je n'aime pas qu'on m'importune
Quand je suis en train de causer
Avec ma chère Rodogune,
Dont l'amour ne peut s'apaiser.
Je la trouve, je le proclame,
Avec moi, même en combattant,

Où donc trouverais-je une femme
Qui voulût bien en faire autant?

II

A faire crouler la fortune,
Les femmes s'entendent très bien,
Mais par contre, ma Rodogune
M'aime et ne me demande rien.
Car pour entretenir sa flamme
Il suffit d'une pierre à feu :
Où donc trouverais-je une femme
Qui se contentât d'aussi peu?

III

Vous avez beau faire la lippe,
Par les femmes on est trompé ;
Je suis tranquille avec ma pipe,
C'est toujours autant d'attrapé.
Elle a beau vieillir, sur mon âme,
Ses charmes vont en grandissant :
Où donc trouverais-je une femme
Qui fût meilleure en vieillissant !

GRÉDEL, riant.

Ah! ah! ah! Causez, causez tout à votre aise avec mademoiselle... Rodogune!... Et ne vous disputez pas... je me sauve.

Elle sort à droite.

LÉONIDAS, seul.

Bon vent!... Cours toujours, ma petite, tu peux faire les yeux doux à mon capitaine, tu perds ton temps, mon tour viendra. (Il se lève.) Et maintenant, occupons-nous de la fameuse commission. (Avisant la table de madame Van Straët.) Ah! la table à ouvrage de mademoiselle Léa se trouve placée près de la cheminée... Voyons... (voyant le livre de messe de Grédel.) Tiens, un livre de messe. La petite l'aura oublié sans doute. Cela tombe à merveille! de la sorte, pas de difficultés! (Il glisse une lettre dans le livre et l'autre dans la table à ouvrage de droite, entendant du bruit.) Diable! il était temps!

SCÈNE VIII

LÉONIDAS, VAN STRAET.

VAN STRAET, entrant de droite.

J'ai fait grasse matinée. Tout le monde est déjà sorti. Non, voilà Léonidas! (A Léonidas.) Bonjour, mon ami!

LÉONIDAS.

Bonjour, monsieur le bourgmestre!

VAN STRAET.

Ces dames sont sorties?

LÉONIDAS.

Il paraît qu'elles sont à l'église.

VAN STRAET.

Et le capitaine?

LÉONIDAS.

Il fait son inspection!

VAN STRAET.

Et Grédel?

LÉONIDAS.

Oh! celle-là, elle fait le déjeuner!

VAN STRAET.

Laissons donc chacun à ses petites affaires et tâchons de bien employer notre temps.

Duetto.

VAN STRAET.

Or ça, mon brave camarade,
Tandis que monsieur le curé
Dit la messe en son prieuré,
Si nous buvions une rasade?

LÉONIDAS.

Bourgeois, ça n'est pas de refus,
J'adore le jus de la treille
Et par Bacchus! jamais ne fus
Capon, devant une bouteille!

VAN STRAET.

Vous tombez bien, car justement,
J'ai là du vieux vin de Moselle.

LÉONIDAS.

Apportez donc et prestement.

VAN STRAET, qui est allé prendre une bouteille et deux verres sur le dressoir.

Ami, voici la demoiselle!...

LÉONIDAS.

Oh! oh! Si j'en juge à l'aspect

Ce doit être une vieille fille!

VAN STRAET, débouchant la bouteille.

Je la décoiffe avec respect.
 Remplissant les verres.
Voyez-moi comme elle pétille!

LÉONIDAS.

La belle possède un trésor
Et j'en veux faire le pillage,
Car de ses flancs coule de l'or!

VAN STRAET, levant son verre.

Allons, trêve de babillage,
 Trinquons!

LÉONIDAS.

 Trinquons!

VAN STRAET.

Buvons!

ENSEMBLE.

Buvons!

LÉONIDAS.

Je bois à la guerre!

VAN STRAET.

A la paix, je bois!

ENSEMBLE.

D'accord nous ne sommes guère
Et cependant, je le vois,
Nous vidons gaîment le verre } *Bis.*
 Tous deux à la fois!

VAN STRAET.

Ami, la paix a des charmes
Que rien ne peut égaler!

LÉONIDAS.

Parlez-moi du bruit des armes
Dont j'aime à me régaler;
Frapper d'estoc et de taille,
Tel fut toujours mon désir,
Et gagner une bataille
Est-il un plus grand plaisir?

VAN STRAET.

Moi, j'ai l'horreur du carnage
Et de vos sanglants combats,
La paix, surtout en ménage,
Est pour moi pleine d'appas.

VAN STRAET.

Allons, trêve de babillage,
Trinquons!

LÉONIDAS.

Trinquons!

VAN STRAET.

Buvons!

ENSEMBLE.

Buvons!

LÉONIDAS.

Je bois à la guerre!

VAN STRAET.

A la paix, je bois!

ENSEMBLE.

D'accord nous ne sommes guère,
Eto.

VAN STRAET.

Et maintenant, en attendant l'heure du déjeuner, je vous propose d'aller au jardin fumer une bonne pipe, je vous lirai les nouvelles, car j'ai reçu la Gazette.

LÉONIDAS:

Accepté à l'unanimité!

REPRISE DE L'ENSEMBLE.

D'accord nous ne sommes guère,
Et cependant je le vois,
Nous vidons gaîment le verre
Tous deux à la fois!

Ils sortent bras dessus, bras dessous par la gauche.

SCÈNE IX

LÉA, seule, entrant de droite.

J'ai laissé maman porter seule au courrier la lettre du capitaine, et je suis revenue en passant par la maison de ville, où j'ai pu apercevoir M. Roland qui inspectait sa compagnie. Comme il a belle allure devant ses soldats! J'étais toute fière de le voir ainsi. Ah! pourquoi ne suis-je qu'une pauvre petite campagnarde! Il ne fait pas attention à moi, et pourtant je ressens près de lui un trouble étrange... J'ai beau me raisonner, cherchant à me tromper moi-même. (Pendant la ritournelle.) Quand il n'est pas là, une immense tristesse m'envahit et il me vient des larmes dans les yeux!... Qu'ai-je donc?...

Air :

Ah! pourquoi, lorsque son loyal regard
S'arrête sur moi, suis-je rougissante?
Et lorsque je sens sa main, par hasard,
Effleurer ma main, suis-je si tremblante?
Jour et nuit, le son de sa douce voix,
Souffle caressant, vibre à mon oreille,
Même les yeux clos, toujours je le vois
Et je pense à lui, dès que je m'éveille!
J'ai peur d'avouer ce que je ressens,
Un troublant frisson en mon cœur pénètre!
Je résiste en vain, efforts impuissants!
Au charme inconnu qui prend tout mon être.
Quand je veux parler, je sens aussitôt
De peur et d'effroi, ma gorge oppressée,
Au lieu d'un aveu, c'est un long sanglot
Que laisse échapper ma lèvre glacée.
Il est à la fois charmant et cruel,
Le mal dont je souffre et je ne sais même
Si je ne dois pas en bénir le ciel,
Car ce cher tourment, malgré tout, je l'aime!

Parfois j'en viens à regretter que M. Roland soit entré chez nous, et s'il m'arrive de songer à son prochain départ, j'ai envie de pleurer... Ah! c'est intolérable vraiment et... (s'approchant de la table à ouvrage de droite.) Tiens, Grédel, en faisant le ménage a changé de place ma table à ouvrage. L'étourdie! Elle sait pourtant bien que c'est toujours ici que je me mets.

(Elle désigne la table de droite, se plaçant devant celle de gauche.) Travaillons... pour oublier!...

SCÈNE X

LÉA, GRÉDEL.

GRÉDEL, entrant.

Ah! mademoiselle est de retour!

LÉA.

Mais oui, Grédel.

GRÉDEL.

Je viens reprendre mon livre de messe que j'ai oublié sur la table à ouvrage de madame.

LÉA.

A ce propos, Grédel, comment se fait-il que tu aies changé ma table de place?

GRÉDEL.

C'est sur l'ordre de madame votre mère qui affirme que, pour ses fins travaux de broderie, il est préférable de recevoir le jour de ce côté.

LÉA.

En ce cas, je n'ai rien à dire.

GRÉDEL, à part.

Reprenons mon livre! (Le billet de Roland tombe du livre, elle le ramasse vivement.) Un billet! que signifie? (Lisant.) « Excusez ma hardiesse, mais j'ai de graves » choses à vous dire. De grâce, venez ce soir à 9 heures

» dans la grande salle, je vous y attendrai... ROLAND »
Ah! quelle émotion! Enfin, il a compris! Ce soir! C'est
bien ce soir! (cachant le billet dans son corsage.) Pourvu
que je sois libre à l'heure dite.

SCÈNE XI

LES MÊMES, MADAME VAN STRAET.

MADAME VAN STRAET, entrant.

La lettre est partie...(A Grédel.) Comment, Grédel!
au lieu de t'occuper du déjeuner, je te trouve là à ne
rien faire?

LÉA, intervenant.

Ne te fâche pas, maman, Grédel ne fait que d'entrer
ici. Elle avait oublié son livre de messe sur ta table
à ouvrage.

GRÉDEL.

C'est la pure vérité.

MADAME VAN STRAET, à Grédel.

C'est bien, je te crois, mais retourne vite à tes four-
neaux et distingue-toi, je me sens un appétit!....

GRÉDEL.

Je vais me dépêcher, madame, et faire de mon mieux.
(A part.) J'ai bien la tête à la cuisine... Si elle savait!

Elle sort.

SCÈNE XII

LÉA, MADAME VAN STRAET.

MADAME VAN STRAET, à Léa.

Puisque tu travailles, ma chérie, je vais t'imiter en attendant l'heure du déjeuner.

LÉA.

C'est cela! Si tu as bien avancé ta tapisserie, je t'embrasserai pour la peine.

MADAME VAN STRAET.

Voyez-vous ça! Ma parole, à t'entendre, c'est moi qui ai l'air d'être la petite fille.

LÉA.

Oh! je suis si raisonnable!

MADAME VAN STRAET.

Le fait est que ton père me disait encore l'autre soir: « Franchement, Léa est plus sérieuse que toi! »

Elle s'installe à la table de droite et prend sa tapisserie.

LÉA.

Pauvre papa! Il me connaît bien; mais tu causes, tu causes, et les aiguilles de l'horloge marchent plus vite que la tienne. Allons, maman, du silence, et vite à l'ouvrage.

MADAME VAN STRAET.

Tu parles comme la déesse Raison de messieurs les Français.

ACTE PREMIER

LÉA

Encore !...

MADAME VAN STRAET.

Je me tais, afin de gagner ma récompense ! (Elle se met à travailler, ouvre sa table à ouvrage et y trouve le billet de Roland, à part.) Une lettre ? Qu'est-ce à dire ? (Elle décachète après s'être assurée que Léa ne la voit pas. — Lisant.) « Excusez ma hardiesse, mais j'ai de graves choses à vous dire. De grâce, venez ce soir à 9 heures, dans la grande salle. Je vous y attendrai. » ROLAND » (cachant la lettre dans sa poche. — Avec émotion.) Ah ! qu'ai-je lu ? Le cher ami ! il a deviné mon amour ! Il m'écrit, il veut me parler, pourvu que je ne me trahisse pas !

LÉA, tournant les yeux vers sa mère.

C'est ainsi que tu travailles ? (se levant et remarquant l'émotion de madame Van straët.) Mais qu'as-tu donc ?

MADAME VAN STRAET.

Rien, mon enfant, un léger malaise ! j'aurai marché trop vite, sans doute. Rassure-toi, cela se passe.

LÉA, émue.

Tu m'as fait peur. Je te tiens quitte pour aujourd'hui et je paye d'avance.

Elle l'embrasse.

MADAME VAN STRAET.

Chère petite !

LÉA.

Viens avec moi, nous allons faire un tour de jardin, un peu d'air te remettra.

MADAME VAN STRAET.

Mais non ! Je t'assure que cela va mieux !

LÉA, d'une voix câline.

Cède, je t'en prie, il n'y paraîtra plus.

MADAME VAN STRAET.

Puisque tu l'exiges... j'obéis, comme toujours!
Elles sortent lentement à gauche.

SCÈNE XIII

VAN STRAET, LÉONIDAS.

Ils entrent de droite, continuant une conversation commencée.

LÉONIDAS.

Chansons que tout cela! Monsieur le bourgmestre, vous n'y entendez rien!

VAN STRAET, avec une gravité comique.

Je vous assure, Léonidas, que c'est la pure vérité. Depuis quelque temps, ma femme change à vue d'œil. Je ne la reconnais plus! La nuit, elle a d'horribles cauchemars et se réveille en appelant son bien-aimé!...

LÉONIDAS.

Pas possible!... (A part.) Je le connais, le bien-aimé! (Haut.) Monsieur le bourgmestre, je vois ce que c'est!... c'est la seconde jeunesse.

VAN STRAET.

Et, le remède?

LÉONIDAS.

Le remède, nom d'une bombarde! Est-ce à moi de vous l'indiquer?

ACTE PREMIER 33

VAN STRAET.

Non, je devine, mais...

LÉONIDAS.

Mais, quoi?

VAN STRAET.

Pourquoi les hommes n'ont-ils pas aussi une seconde jeunesse?

LÉONIDAS.

Ah! dame!...

Couplets.

I

En vérité, je suis perplexe,
Ma femme croit avoir vingt ans
Et je n'ai plus, cela me vexe,
Cet âge-là depuis longtemps;
Je voudrais tant la rendre heureuse!
Comment pourrai-je y parvenir!
Sur le tard, elle est amoureuse,
Je ne sais plus que devenir!

Refrain.

J'ai pour elle de la tendresse
Et me crois un parfait époux,
Mais, pour satisfaire à ses goûts,
Je n'ai pas comme elle, entre nous,
 De seconde jeunesse!

II

Je voudrais bien, je vous le jure,
Retrouver mon bonheur défunt,

Mais, de la fleur d'amour si pure,
Je n'ai gardé que le parfum !
Voilà pourquoi je me désole
Et je vous le dis sans détour :
Je ne peux plus, sur ma parole,
Payer ma femme de retour !

J'ai pour elle de la tendresse.
   Etc.

LÉONIDAS.

Ah ! si j'étais à votre place !... Moi non plus, je n'ai pas de seconde jeunesse !... Seulement... j'ai su garder la première et m'en servir à l'occasion.

VAN STRAET, choqué.

Vous êtes sans vergogne !

LÉONIDAS.

Cela vaut mieux que d'être sans... énergie ! Du courage ! morbleu !

VAN STRAET.

Du courage, du courage ! C'est facile à dire...

LÉONIDAS, voyant entrer madame Van Straët et Léa.
Chut ! voilà ces dames.

SCÈNE XIV

Les Mêmes, LÉA, MADAME VAN STRAET.

MADAME VAN STRAET, entrant avec Léa.

Merci, ma mignonne, je suis complètement remise...

ACTE PREMIER

VAN STRAET, avec sollicitude.

Tu étais malade, bobonne?

MADAME VAN STRAET, sèchement.

Cela vous intéresse?... Vous n'êtes jamais là quand j'ai besoin de vos soins.

VAN STRAET, contrarié.

J'ignorais...

MADAME VAN STRAET, regardant Léa, avec tendresse.

Heureusement que notre enfant est venue à mon secours...

VAN STRAET.

Mais qu'avais-tu donc?

MADAME VAN STRAET.

Oh! rien, des... des vapeurs!

LÉONIDAS, à part.

Le bien-aimé, quoi!

VAN STRAET.

Te voilà guérie, c'est le principal. Si nous nous mettions à table, c'est peut-être la faim qui te tourmentait?

LÉA, vivement.

Il faut attendre M. Roland. Il ne peut tarder...

MADAME VAN STRAET.

C'est juste!

LÉONIDAS, du fond.

Vous ne l'attendrez pas longtemps, le voilà en compagnie des soldats logés dans votre ferme.

On aperçoit Roland passer devant la baie vitrée. Il est suivi d'un sergent conduisant un groupe de soldats.

SCÈNE XV

Les Mêmes, UN SERGENT, ROLAND, Soldats,
puis plus tard, GRÉDEL.

Finale.

ROLAND.

Amis, excusez-moi si je suis en retard,
Mais ces braves soldats vont quitter le village;
Avant que le tambour annonce le départ,
Ils ont voulu venir ici vous rendre hommage
Et vous remercier de vos bontés pour eux.

VAN STRAET.

J'en suis vraiment touché! Las! j'ai fait de mon mieux,
Regrettant de ne pas en faire davantage.

LES SOLDATS, ensemble.

Citoyen! grand merci! avant que de partir,
Nous voulons vous prouver notre reconnaissance,
Nous garderons de vous longtemps le souvenir,
Si nous pouvons revoir le beau pays de France!

LÉA, s'avançant vers les soldats.

Votre chef nous apprit, soldats, à vous aimer,
Nous garderons de vous l'éternelle mémoire,
Ardents seront les vœux que nous allons former
Pour que le Dieu puissant vous donne la victoire!

LE SERGENT, ému.

Bien à regret nous vous quittons,
Mais il le faut, allons, partons!

TOUS.

Partons, partons!

VAN STRAET, les retenant.

Un instant, mes amis, avant de nous quitter,
Je veux que nous vidions ensemble un dernier verre,
Je veux boire avec vous à la fin de la guerre,
Aux lauriers que bientôt vous allez rapporter!
 Grédel et Léonidas distribuent des gobelets aux soldats
 et versent à boire.

ROLAND, le verre en main.

Acceptez, mes enfants, buvez à la Patrie!
 Comme faisaient les Gaulois, nos aïeux,
Buvez à nos héros, à la France chérie,
 A nos drapeaux victorieux!

Ensemble.

GRÉDEL, LÉA, LÉONIDAS, MADAME VAN STRAET,
VAN STRAET.

Avant votre départ, buvez à la Patrie!
 Comme faisaient les Gaulois, vos aïeux,
Buvez à vos héros, à la France chérie,
 A vos drapeaux victorieux!

LE SERGENT, LES SOLDATS.

Avant notre départ, buvons à la Patrie!
 Comme faisaient les Gaulois, nos aïeux,
Buvons à nos héros, à la France chérie,
 A nos drapeaux victorieux!
   On entend un roulement de tambour.

ROLAND, prenant la main du sergent.

Il faut nous séparer, ah! combien il m'en coûte!
Mais pour ne pas laisser s'amollir notre cœur,
Une dernière fois, amis, chantons en chœur,
 Notre vieille chanson de route.

LE SERGENT, LES SOLDATS.

Notre vieille chanson de route.

Ensemble général.

Dans le brave régiment,
Du soldat au capitaine,
Tous au pas, marchent gaîment
Le dimanche et la semaine,
Il ne faut pas de violon
Pour accompagner la danse,
Les vaillants soldats de France } *Bis.*
Dansent au son du canon !

Défilé et sortie des soldats. Roland et Van Straët saluent de la main tandis que les femmes agitent leur mouchoir.

Rideau.

ACTE DEUXIÈME

Même décor. — Le soir.

Au lever du rideau, une lampe allumée, se trouve sur la table à ouvrage à gauche, et un flambeau allumé sur celle de droite.

SCÈNE PREMIÈRE

VAN STRAET, MADAME VAN STRAET, ROLAND, LÉA, LÉONIDAS, GRÉDEL.

Au lever du rideau, les personnages qui viennent d'achever le dîner sont disposés comme suit :
Madame Van Straët et Léa, travaillent devant la table à ouvrage à gauche.
Grédel et Léonidas, au fond, desservent la table. Roland, debout accoudé sur le fauteuil ; Van Straët, près de la table de gauche. — Huit heures sonnent.

VAN STRAET, lisant un journal.

« Nouvelle victoire ! Maëstricht est au pouvoir des
» Français ! L'armée ennemie poursuivie par les hus-

» sards de Jourdan bat en retraite en désordre, aban-
» donnant ses bagages et ses canons. »

ROLAND.

Ah! la bonne nouvelle! Merci, monsieur Van Straët.

LÉONIDAS, au fond.

Toujours des victoires! Et je marque le pas... Cré nom!...

ROLAND, à Léonidas.

Patience, mon brave! Nous aurons encore notre tour!

VAN STRAET, à part.

Il est enragé, cet animal-là!

MADAME VAN STRAET, se levant et regardant l'horloge, à part.

Je meurs d'impatience! (Haut.) Assez travaillé, il se fait tard déjà!

LÉA.

Huit heures sont sonnées, maman.

MADAME VAN STRAET, avec intention.

Je suis un peu lasse! Capitaine, excusez-moi, mais j'ai hâte de rentrer chez moi.

ROLAND, s'avançant.

Comment donc, madame, c'est tout naturel.

MADAME VAN STRAET.

A bientôt! (se reprenant.) A demain!

ROLAND.

Bonsoir, madame Van Straët! (A part.) Cela tombe à merveille.

ACTE DEUXIÈME

VAN STRAET, se levant.

Moi, je vais aller à la Kermesse de Kouquebeck, il fait une soirée magnifique et j'ai promis à mon collègue de lui rendre visite, je rentrerai vers dix heures.

MADAME VAN STRAET, sèchement.

Je ne vous retiens pas !

ROLAND, à Van Straët.

Si vous le permettez, je vous ferai un brin de conduite, cela me dégourdira les jambes.

VAN STRAET.

Volontiers, capitaine ! (A sa femme.) Au revoir, bobonne !

MADAME VAN STRAET, ironique.

Au revoir, amusez-vous bien ! (A Léa.) Tu viens, Léa ?

LÉA.

Un instant, maman, je n'ai que quelques points à faire pour avoir fini. Dans un petit quart d'heure, j'irai me coucher.

MADAME VAN STRAET, insistant.

Tu me le promets ?

LÉA.

Mais oui, maman; bonne nuit et à demain.

MADAME VAN STRAET.

Bonne nuit, ma chérie. (Elle l'embrasse. — A Grédel.) Et toi, Grédel, je t'engage à te reposer, ma fille, car demain, à la pointe du jour nous irons au marché.

GRÉDEL.

Sitôt mon ouvrage terminé, madame, je regagnerai

ma chambre. (A part.) Pourvu que j'aie fini avant neuf heures !

Elle rentre dans la cuisine.

MADAME VAN STRAET, prenant la lampe sur la table de droite et remontant.

Bonsoir à tous !

TOUS.

Bonsoir !

Madame Van Straët sort à droite, deuxième plan.

VAN STRAET, prenant son chapeau.

Vous venez, capitaine ?

ROLAND, à Van Straët.

Je vous suis ! (s'approchant de Léa.) Mademoiselle Léa !

LÉA.

Bonsoir, capitaine ! Ne vous fatiguez pas trop à marcher. Songez qu'il vous faut encore de grands ménagements, et que votre blessure est à peine fermée.

ROLAND, souriant.

Mon cher petit docteur ! je suivrai vos prescriptions et serai de retour (Avec intention.) avant neuf heures !...

LÉA.

A la bonne heure !

VAN STRAET.

Allons, capitaine ! en route !

ROLAND.

Je suis à vous !

Roland et Van Straët sortent par la porte du fond à droite.

SCÈNE II

LÉA, LÉONIDAS.

LÉA, à part.

Je tremble toujours qu'il ne fasse quelque imprudence !

Elle se remet à coudre.

LÉONIDAS, qui depuis un instant contemple Léa avec intérêt.

Toujours à travailler, mademoiselle, quelle bonne petite ménagère vous faites !

LÉA, sans lever les yeux.

Vous trouvez, monsieur Léonidas !

LÉONIDAS, s'approchant de la table à ouvrage de droite.

Certes !... (subitement, à part) Ah !... j'ai la berlue!... Cette table !...

LÉA.

Qu'avez-vous donc ?

LÉONIDAS, balbutiant.

Rien, mademoiselle ! Rien !.. Je croyais... je...

LÉA.

Expliquez-vous ?

LÉONIDAS, même jeu.

Ah ! C'est une idée qui passait dans ma vieille caboche de troupier. Il me semblait que d'habitude, ce n'est pas de ce côté que vous vous placiez pour travailler.

LÉA.

C'est vrai, mais il paraît que ma mère préfère que je sois là et ce matin Grédel a changé les tables de côté !

LÉONIDAS, trébuchant, à part.

Patatras ! J'ai fait un beau coup ! (Haut.) Excusez-moi, mademoiselle !

LÉA.

Oh ! il n'y a pas de mal !

LÉONIDAS, à part, même jeu.

Et le livre de messe ? à qui pouvait-il bien être celui-là ? Ah ! me voilà dans de beaux draps ! Nom d'un mortier !... (Haut.) Je vous laisse, mademoiselle ! et vous souhaite la bonne nuit !

LÉA.

Merci, mon bon Léonidas ! à demain !

LÉONIDAS, à part.

Comment tout ça va-t-il finir ?

Il sort par la porte de la cuisine.

SCÈNE III

LÉA, seule.

J'ai cru qu'il ne partirait pas !... Enfin ! me voilà débarrassée des importuns et je puis maintenant sans crainte m'abandonner à mon rêve.

Récitatif et Arioso.

C'est l'heure où seule ici, je puis ouvrir mon cœur
Et donner libre cours à ma triste pensée ;
L'heure où dans un sanglot, de mon âme oppressée
S'échappe le doux nom de mon noble vainqueur.
Roland ! O mon Roland ! tout mon être frissonne.
En songeant qu'il faudra bientôt nous séparer,
      Mon courage m'abandonne
      Et je sens des larmes couler !

Elle va s'incliner devant la statuette de la Vierge placée sur la cheminée.

    O Vierge sainte, ô bonne mère !
    Toi que je supplie humblement,
    Prends pitié de ma peine amère,
    Tu peux adoucir mon tourment !
    Sur mon Roland, veille sans cesse,

Roland vient d'apparaître près de la fenêtre entr'ouverte, éclairé vivement par les clartés lunaires, il écoute Léa en proie à une violente émotion.

    Ah ! sauve ses jours du trépas !
    Pour lui si grande est ma tendresse,
    Que je ne lui survivrais pas !

        s'agenouillant.

    Entends ma voix, Vierge bénie,
    Toi qui sais mon secret émoi,
    Fais que jamais il ne m'oublie
    Alors qu'il sera loin de moi !

SCÈNE IV

LÉA, ROLAND, à la fenêtre.

ROLAND, à part.

Qu'ai-je entendu ? Léa !... C'est elle !...
Lorsqu'à l'amour je la croyais rebelle,
Dans sa pure et candide foi,
La chère enfant pensait à moi.

Il entre en scène par la porte de gauche.

LÉA, l'aperçoit et jette un cri.

Ah !

Elle recule de quelques pas et s'appuie sur la table pour ne pas tomber. Roland qui s'est élancé vers elle l'enlace pour la soutenir.

Duo.

ROLAND.

Chère Léa ! c'est le ciel qui m'envoie !
Oui, nous avons souffert ! et nous avons pleuré !
Ah ! mon cœur renaît à la joie,
Alors, que par le doute il était dévoré.

LÉA, cherchant à se dégager.

Non ! laissez-moi partir, hélas ! je meurs de honte !
Oubliez le secret que vous avez surpris ;
Ne me retenez pas, le rouge à mon front monte.

ROLAND.

Ah ! votre aveu n'en a pour moi que plus de prix !

ACTE DEUXIÈME

Ne partez pas, restez encore,
Laissez-moi vous dire, à genoux,
O Léa! que je vous adore
Et n'aimerai jamais que vous!
O ma Léa! Séchez vos larmes,
Chassez loin de vous tout regret :
Nous avions les mêmes alarmes,
Nous aimant tous deux en secret!...

LÉA, indécise.

Votre voix me trouble et m'enivre.
A votre honneur, ô Roland! je me livre,
Epargnez-moi, ne me retenez pas!

ROLAND, avec feu.

Léa! je m'attache à vos pas,
Ne repoussez pas ma tendresse!...

LÉA, avec trouble.

Quel charme m'agite et m'oppresse?

ROLAND.

Ne résistez pas à mes vœux,
Enchaînez mon âme ravie
Car, ma Léa! ce que je veux,
C'est à vos pieds, passer ma vie!

LÉA, vaincue.

En vain, je voudrais retenir,
Sur mes lèvres, l'aveu suprême
Et je ne peux y parvenir!...

ROLAND, anxieux.

Achevez...

LÉA, d'une voix faible.

Roland!... je vous aime!

ROLAND, ivre de joie.

Ah! redis-le, ce mot charmant,
O nuit, reçois notre serment!
Un rayon lunaire éclaire Roland et Léa enlacés.

Ensemble.

ROLAND.

O nuit calme et sereine!
Dont la douce clarté
Eclaire de ma reine
La divine beauté!...
Verse dans nos deux âmes
Tous les trésors du ciel
Et les ardentes flammes
De l'amour éternel.
Berce notre jeunesse
De rêves irisés
Et confonds dans l'ivresse
Nos cœurs inapaisés!
Léa! je t'aime!

LÉA.

O nuit calme et sereine!
A ta douce clarté,
L'amour vainqueur entraîne
Tout mon être enchanté!
Verse dans nos deux âmes
Tous les trésors du ciel,
Et les ardentes flammes
De l'amour éternel.
Berce notre jeunesse
De rêves irisés
Et confonds dans l'ivresse

ACTE DEUXIÈME

Nos cœurs inapaisés !
Roland ! je t'aime !

ROLAND.

Chère Léa ! ma bien-aimée ! ma femme !...

LÉA.

Oui, Roland ! votre femme ! bientôt s'il plaît à Dieu.

ROLAND.

Dès ce soir, je vais demander à votre père de bénir notre amour.

LÉA.

Il est si bon que je ne doute pas de sa réponse, courons au devant de lui, partons !...

ROLAND.

Ah ! comme vous avez bien fait de devancer l'heure du rendez-vous !

LÉA, intriguée.

Du rendez-vous ? Que voulez-vous dire ?

ROLAND.

Ne vous avais-je pas écrit que je vous attendrais à neuf heures ?

LÉA.

Vous m'avez écrit ?

ROLAND.

Vous le savez bien puisque vous êtes venue !

LÉA.

Je vous jure, Roland, que je n'ai rien reçu.

ROLAND, inquiet.

Comment, vous n'avez pas trouvé un billet dans votre livre d'heures?

LÉA.

Ce livre ne m'a pas quittée et je l'ai serré dans ma chambre en revenant de l'office.

ROLAND.

Et dans votre table à ouvrage?

LÉA.

Elle était fermée à clef et il a été impossible d'y rien mettre.

ROLAND.

Voilà qui est étrange! Je croyais, en vous trouvant ici...

LÉA.

Si j'y suis, c'est de mon propre mouvement.

ROLAND.

Apprenez donc que j'avais chargé Léonidas de placer dans votre table et dans votre missel, deux billets, vous suppliant de venir me parler ce soir, à neuf heures, dans cette salle.

LÉA.

Je vous crois, mon ami, mais je vous le répète, aucune de vos lettres ne m'est parvenue!...

ROLAND, inquiet.

Oh! Il faut que j'éclaircisse ce mystère!... Laissez-moi, ma chère Léa, dans un instant j'irai vous rejoindre.

Il la conduit jusqu'à la porte de gauche, deuxième plan.

LÉA.

A bientôt, n'est-ce pas?

ROLAND, lui baisant la main.

A bientôt!

Léa sort.

SCÈNE V

ROLAND, puis LÉONIDAS.

ROLAND.

Je ne peux croire que Léonidas ait oublié... (Il va à la porte de droite et appelle.) Léonidas!... Léonidas!

LÉONIDAS, entrant tout penaud, à part.

Aïe! aïe! Ça va chauffer!...

ROLAND, sévère.

Avance à l'ordre et réponds-moi... qu'est-ce que tu as fait?

LÉONIDAS.

Des bêtises, mon capitaine.

ROLAND.

Explique-toi.

LÉONIDAS.

Mais ce n'est pas tout à fait de ma faute, sans cette maudite Grédel...

ROLAND, impatienté.

Finiras-tu, morbleu!

LÉONIDAS.

Eh bien, mon capitaine, c'est ce soir seulement que je me suis aperçu de ma méprise en voyant que mademoiselle Léa ne se trouvait pas devant la table à ouvrage dans laquelle j'avais caché le billet. Grédel avait changé les tables de place.

ROLAND.

Et le livre de messe?

LÉONIDAS.

Ne m'en parlez pas, mon capitaine, je l'ai revu il n'y a qu'un instant.

ROLAND.

Où cela?

LÉONIDAS.

Dans la cuisine!

ROLAND, furieux.

De sorte qu'en ce moment, mes lettres se trouvent entre les mains de madame Van Straët et de Grédel qui viendront ici à neuf heures, persuadées que je leur ai donné rendez-vous. Ah! tu as bien travaillé et désormais je puis me fier à ton adresse.

LÉONIDAS.

Je suis navré, mon capitaine!

ROLAND.

La belle avance!... Puisque tu as fait le mal, tu le répareras... arrange-toi comme bon te semblera, mais je ne prétends pas supporter les conséquences de ta faute... Bonsoir!

Il sort précipitamment par la gauche.

SCÈNE VI

LÉONIDAS, seul.

Il n'est pas content le capitaine, et il y a de quoi ! Sapristi de sapristi ! Comment diable me sortir de là ? S'il n'y avait que Grédel, je sais bien ce que je ferais !... mais la mère !... Des pas !... on vient !... où me cacher ?... Ah ! l'horloge !...

Il se blottit dans la boîte de l'horloge. — Neuf heures sonnent.

SCÈNE VII

LÉONIDAS, caché, MADAME VAN STRAET.

MADAME VAN STRAET, entrant avec précaution.

Personne ne m'a vue !... je respire !... Mon mari est à la kermesse, Grédel fait son ouvrage ; et Léa depuis longtemps doit être dans sa chambre. Rien à redouter !... Enfin, il est donc venu l'instant si ardemment désiré !...

Couplets.

Il va venir, l'objet de ma tendresse,
   Et mon cœur frissonne d'amour,
J'ai retrouvé l'ardeur de ma jeunesse,
   Je vais être à lui sans retour !...

En vain de l'hymen qui m'enchaîne,
Je dois subir le joug pesant,
Aujourd'hui, je brise ma chaîne,
Car rien ne m'arrête à présent.

 Une flamme nouvelle
 Devant mes yeux a lui,
 Lorsque Roland m'appelle,
 Je viens ! Je suis à lui !

De mon mari l'esprit sommeille,
Il ne peut comprendre, vraiment,
Que chez la femme un jour vient où s'éveille
Le cœur plus jeune et plus aimant !
Mon cher époux, je le déplore,
Par son sang-froid me fait frémir,
Car l'ingrat, lorsque je l'implore,
Hélas ! ne songe qu'à dormir !

 Une flamme nouvelle
 Devant mes yeux a lui,
 Lorsque Roland m'appelle,
 Je viens ! je suis à lui !

(se dirigeant vers la table de gauche.) Cher Roland !... comme nous allons nous aimer !... C'est égal, il tarde bien ! Neuf heures sont sonnées, qui peut le retenir ? Ah ! s'il était aussi impatient que moi !

Elle s'assied.

LÉONIDAS, passant la tête.

La voilà qui s'installe ! Fichue idée ! nom d'une baïonnette, je donnerais gros pour pouvoir m'en aller.

MADAME VAN STRAET, baissant la lampe.

Baissons toujours la lampe, de la sorte, je ne me

verrai pas rougir !... Pour punir, le capitaine de son inexactitude, je veux me faire désirer !

LÉONIDAS.

Du bruit !... c'est l'autre sans doute ! Ça se corse !

Il rentre dans l'horloge.

SCÈNE VIII

Les Mêmes, GRÉDEL.

GRÉDEL, entrant mystérieusement de droite.

On n'y voit absolument rien !... Le pauvre chéri se sera impatienté !... Dame ! je suis fort en retard ; j'avais tant d'ouvrage que j'ai cru ne pouvoir en finir !

MADAME VAN STRAET, à part.

Ne nous montrons pas encore ! Voyons d'abord ce qu'il fera !

LÉONIDAS, sortant avec précaution de sa cachette et marchant sur la pointe des pieds.

Heureusement que la lune s'est cachée à propos !

Trio.

ENSEMBLE.

Il fait noir et la sombre nuit
Etend ses voiles sur la terre :
Ne faisons pas le moindre bruit,
L'amour veut du mystère !

GRÉDEL.

Il se cache certainement
Et dissimule sa présence,
Il faut agir avec prudence,
Ne brusquons pas le dénouement !

MADAME VAN STRAET.

Roland s'avance doucement
Sans se douter de ma présence,
Contenons-nous, pas d'imprudence,
Ne brusquons pas le dénouement !

LÉONIDAS.

Bien trop tôt viendra le moment
De leur révéler ma présence,
Il faut agir avec prudence,
Ne brusquons pas le dénouement !

GRÉDEL et MADAME VAN STRAET, à part.

Quand il me verra, sur ma foi,
Très grande sera sa surprise !

LÉONIDAS, à part.

Ah ! ah ! ah ! je ris malgré moi,
De cette amusante méprise,

MADAME VAN STRAET, à part.

Hélas ! à se montrer, Roland,
Bien peu vraiment s'empresse.

GRÉDEL, à part.

Agir ainsi, c'est peu galant !
Il abuse de ma tendresse !

LÉONIDAS, à part.

Cet imbroglio désolant
Est l'œuvre de ma maladresse !

Ensemble.

GRÉDEL, à part.

Il se cache certainement
Et dissimule sa présence :
C'est trop longtemps faire silence,
Précipitons le dénouement.

MADAME VAN STRAET, à part.

Il s'avance tout doucement
Sans se douter de ma présence,
C'est trop longtemps faire silence,
Précipitons le dénouement.

LÉONIDAS, à part.

Je crois que voilà le moment
De leur révéler ma présence.
Ah! Ah! je ris lorsque je pense
Au dénouement.

GRÉDEL, à part.

J'entends des pas!...
A voix basse.
Etes-vous là?

MADAME VAN STRAET, à part.

O doux transport!...
A voix basse.
Oui, me voilà!

MADAME VAN STRAET et GRÉDEL, à part.

Mon cœur bat fort dans ma poitrine,
Tout près de moi je le devine!
Elles se rapprochent peu à peu.

MADAME VAN STRAET, à part.

Faisons la moitié du chemin !

GRÉDEL, à part.

Encore un pas !... Je tiens sa main !
Elle saisit dans l'obscurité la main de madame Van Straët.

MADAME VAN STRAET et GRÉDEL, la main dans la main.

Au rendez-vous j'accours fidèle !

LÉONIDAS, à part.

Finissons-en, rallumons la chandelle !
Il lève la lampe, la scène s'éclaire brusquement. — Grédel et madame Van Straet poussent un cri en se reconnaissant. — Ah !

MADAME VAN STRAET.

En croirai-je mes yeux, Grédel !... Mademoiselle !
Que faites-vous céans?... Répondez sans détour.

GRÉDEL.

Madame ! expliquez-moi plutôt à votre tour,
Votre présence ici !...

MADAME VAN STRAET, accablée.

De terreur, je chancelle !...

LÉONIDAS, se montrant.

C'est à moi de répondre à votre question,
Fiez-vous en plutôt à ma discrétion !

GRÉDEL et MADAME VAN STRAET, avec accablement.

Ainsi tromper une crédule femme !
Qui l'aurait cru? Vrai, c'est infâme !

ACTE DEUXIÈME

LÉONIDAS.

De ce qui s'est passé, n'ayez pas de regret,
Sur l'honneur, entre nous restera le secret!

Ensemble.

GRÉDEL et MADAME VAN STRAET.

O douleur! ô peine amère!
Rien ne peut me consoler;
Le bonheur est éphémère
Il est prompt à s'envoler.
Dans sa coupe enchanteresse
L'amour verse du poison
Et nous plonge dans l'ivresse
Pour masquer sa trahison!

LÉONIDAS.

L'amour est une chimère,
Qu'un rien suffit à chasser,
Son ivresse est éphémère,
Heureux qui peut s'en passer!
Dans sa coupe enchanteresse,
S'il nous verse du poison,
Ménageons notre tendresse
Et gardons notre raison!

GRÉDEL.

O douleur, ô peine amère!

MADAME VAN STRAET.

Mon cœur frémit de colère.

LÉONIDAS.

L'amour est une chimère!

Ensemble.

GRÉDEL et MADAME VAN STRAET.

Rien ne peut me consoler.

LÉONIDAS.

Il est prompt à s'envoler !

MADAME VAN STRAET, à Léonidas.

Mais puisque vous étiez là, à la place de votre capitaine, vous avez la clé de ce mystère!

GRÉDEL.

Evidemment! Monsieur Léonidas, il faut nous dire la vérité.

LÉONIDAS.

Il faut!... il faut... Comme vous y allez!...

MADAME VAN STRAET.

Parlez!... de grâce!

GRÉDEL, câline.

Refuserez-vous de me répondre... à moi ?

LÉONIDAS, à part.

Elle est gentille à croquer ! (Haut.) Mesdames, avant de vous en dire davantage, apprenez que c'est moi qui ai placé dans le livre de messe et dans la table à ouvrage, les billets que vous y avez trouvés.

GRÉDEL et MADAME VAN STRAET, étonnées.

Vous?...

LÉONIDAS.

Parfaitement! Même que c'est de là que vient tout le mal.

ACTE DEUXIÈME

GRÉDEL.

N'était-ce pas sur l'ordre du capitaine ?

LÉONIDAS.

Oui... et non !

MADAME VAN STRAET.

Je ne comprends pas...

LÉONIDAS.

C'est pourtant clair comme de l'eau de roche. Mon capitaine m'avait chargé de placer les billets dans un livre et dans une table, seulement...

GRÉDEL et MADAME VAN STRAET.

Achevez !...

LÉONIDAS.

Pas dans les vôtres.

MADAME VAN STRAET.

Alors, le rendez-vous ?...

LÉONIDAS.

N'était pas pour vous !

GRÉDEL.

Je respire !

MADAME VAN STRAET, vexée.

Roland me préférait ma servante !

LÉONIDAS.

Pas davantage !

GRÉDEL, furieuse.

Comment ? Ce n'était pas...

LÉONIDAS.

Pour vos beaux yeux, non, ma mie !...

4

MADAME VAN STRAET.

J'ai peur de comprendre !

GRÉDEL.

Ni madame! ni moi! C'était donc pour...

LÉONIDAS.

C'était pour celle que mon capitaine adore depuis le premier jour qu'il l'a vue, pour celle qui lui a prodigué les soins et les consolations pendant qu'il souffrait, en un mot, pour...

MADAME VAN STRAET.

Assez! assez! Ah! malheureuse que je suis! Etais-je assez aveugle ! Et dire que je n'ai rien vu ! Ah ! les sournois ont bien caché leur jeu !

LÉONIDAS.

Vous voyez, madame, que vous auriez tort d'en vouloir à mon capitaine. Moi seul suis coupable !

MADAME VAN STRAET, résignée.

Non, mon ami, le destin a tout fait! Mais le châtiment est sévère. O mon beau rêve!

Elle s'appuie en pleurant sur l'épaule de Léonidas.

GRÉDEL.

O mes espérances !

Même jeu.

LÉONIDAS.

Allons! allons ! du courage, morbleu ! Si vous pleurez comme ça, moi aussi, je vais y aller de ma larme!

MADAME VAN STRAET, sanglotant.

Je l'aimais tant !

ACTE DEUXIÈME

GRÉDEL, même jeu.

Et moi donc !

LÉONIDAS.

Je comprends ça ! c'est dur, j'en conviens, mais il faut se faire une raison. Moi aussi, j'ai connu les peines de cœur !... (Regardant Grédel.) Je les connais encore !

MADAME VAN STRAET.

Alors, vous me comprenez ?

NIDAS.

Si je vous... Je ne fais que ça depuis un quart d'heure !

On frappe à la porte de droite.

VAN STRAET, en dehors.

Ouvrez ! ouvrez ! c'est nous !

MADAME VAN STRAET.

Mon mari !

LÉONIDAS, vivement.

Les voilà ! Silence ! plus de pleurs !

MADAME VAN STRAET.

Oh ! non !

LÉONIDAS, à Grédel.

Et de l'aplomb !

GRÉDEL.

Oh ! oui !

Léonidas va ouvrir la porte.

SCÈNE IX

Les Mêmes, ROLAND, LÉA, VAN STRAET.

LÉONIDAS.

Entrez! Entrez, monsieur le bourgmestre! Nous vous attendions avec impatience! Ces dames, ne pouvant dormir, m'ont demandé pour les distraire de leur raconter mes campagnes!... Je n'ai rien oublié!

VAN STRAET, allant vivement vers sa femme.

Ah! femme! J'ai une grande nouvelle à t'apprendre.

MADAME VAN STRAET, jouant l'étonnement.

Une nouvelle! à moi?...

VAN STRAET.

Une nouvelle qui va te combler de joie!

MADAME VAN STRAET, à part.

Quelle émotion! (haut.) Parle! je t'en prie!

VAN STRAET.

Femme! le capitaine Roland vient de me faire l'honneur de me demander la main de notre fille.

MADAME VAN STRAET, émue.

Serait-il vrai?

VAN STRAET.

Ces enfants s'adorent! Que faut-il leur répondre?

MADAME VAN STRAET, balbutiant.

En vérité!... je ne sais... ma surprise est grande...
Rien ne pouvait me faire supposer...

Finale.

ROLAND, à madame Van straët.

Depuis longtemps déjà, madame,
Je caressais ce doux espoir,
Mais je n'osais vous laisser voir
L'amour qui germait dans mon âme.
Pour moi, vaudrait mieux le trépas,
Que perdre le bien que j'envie,
J'aime Léa plus que ma vie,
Ah ! ne me la refusez pas !

LÉA, à sa mère.

Chère maman, vois, je t'implore,
Pardonne vite à ton enfant
En son cœur, l'amour triomphant,
Sans qu'elle y pensât, vient d'éclore.
Je ne sais comment exprimer
L'émoi dont mon âme est emplie,
Va, ne crains pas que je t'oublie,
Car nous serons deux à t'aimer.

MADAME VAN STRAET, à Léa, avec résignation.

Allons, je ne veux pas, quand ta voix me supplie,
  Briser ton cœur par un refus cruel :
Aimez-vous, mes enfants, d'un amour éternel!
    Que l'hymen à jamais vous lie !

  Roland et Léa viennent s'incliner devant monsieur et madame Van straët.

LÉONIDAS, sa pipe à la main.

Ils sont heureux! et moi je reste seul, hélas!

  Il laisse tomber sa pipe qui se brise.

Allons bon !
Quel guignon !
J'ai cassé Rodogune !
Que vais-je devenir ?...

TOUS.

Hélas ! hélas !

GRÉDEL.

Pauvre Léonidas !

LÉONIDAS.

Grédel, sans vous offenser,
Voulez-vous la remplacer ?

GRÉDEL.

Si vous juriez de m'aimer autant qu'elle
Maintenant, on pourrait voir !

LÉONIDAS.

Je vous serai toujours fidèle.
Vous me rendez l'espoir !

Ensemble.

ROLAND, LÉA.

Dans l'élan de notre tendresse,
D'être unis éternellement
Nous nous sommes fait la promesse
Et Dieu bénit notre serment ! (*Bis.*)

MADAME VAN STRAET.

Allons, c'est dit, plus de tristesse !
D'être unis éternellement
Puisqu'ils s'étaient fait la promesse,
Je dois souscrire à leur serment. (*Bis.*)

VAN STRAET.

Mes enfants, plus de tristesse,
Aimez-vous éternellement.
Mon cœur déborde d'allégresse
Et je bénis votre serment ! (*Bis.*)

GRÉDEL.

Pourquoi douter de sa tendresse,
Bien sincère en ce moment,
De m'aimer il fait la promesse
Et je veux croire à son serment. (*Bis.*)

LÉONIDAS.

Ne doute plus de ma tendresse,
Car de t'aimer éperdûment
Pour toujours je fais la promesse ;
O Grédel ! crois à mon serment ! (*Bis.*)

Rideau.

Imprimerie Générale de Châtillon-sur-Seine. — Pichat et Pepin.

www.ingramcontent.com/pod-product-compliance
Lightning Source LLC
LaVergne TN
LVHW051459090426
835512LV00010B/2235